Siinä Löytäjä Missä Etsijä

Katson itseni sisään
Tarkennan ja näen sen
Sisälläni asuu avaruus
Ääretön ja universaali

En tarvitse tähtiaikaa
En tarvitse valonnopeutta
En tarvitse kaukoputkea
Nähdäkseni kaiken tärkeän

Itseni maailmankaikkeudessa.

Tuskaista

Sinun silmäsi
Huulesi
Poskipääsi
Ja sinun katseesi
Hymysi
Peräpääsi
Mua viekoittaa
Ahdistaa
Järjellä yritänkin
Pumppua
Tahdistaa

Istun ja järkeilen
Eli
Maisterina tärkeilen
Mutta turhaan
Järkeilen
Kohta taas kuristaa
Rakkaus
Pantana
Puristaa.

Joki

Virtaa
Kuohuu
Koskia ja poukamia
Muuttaa muotoaan
Mutta vesi ei lopu
Ei koskaan
Rakastetaan.

Summa

Katson taakse
Siellä olin minä

Janalla seison
Puolisuoran päällä
Käyrällä säällä
Kuutiojuureni
Suureni
Elämäni jäällä

Aika
Kumma asia
Summa
Nostan lasia.

Kustantaja: BoD – Books on Demand,
Helsinki, Suomi
Valmistaja: BoD – Books on Demand,
Norderstedt, Saksa
ISBN 978-952-318-414-5

Gender

Valtio sallii ajattelun
Se määrää yksityisen
Vaatteet
Eleet
Lämmin käytös

Olemme median orjia
Tai olemmekin media
Papukaijoja aikalaivassa
Valtion hansikkaassa.

Terroristi

Tähdestä valo
Miksi olen tässä
Joskus, joskus,...
Tänään kimallan

Olen rakennus
Minulla on valta
Olen lännessä
Kerron faktan idästä

Astun sivuun
Askeleen taakse
Olen idässä
Kerron faktan lännestä

Ja nyt olen terroristi
Joskus, joskus,...
Uskallan.

Fyysikon Sielunmaisema

Rakastamme symmetriaa
Loputtomia mahdollisuuksia
Lumihiutaleita
Timantteja
Heijastuksia

Symmetria on muutakin
Loputtomia mahdottomuuksia
Sitä mikä ei ole totta
Mikä ei voi tapahtua
Ja sen kun keksisi

Sitten olisimme varmoja
Kaikesta tapahtuvasta

Mikä voi tapahtua
Lopulta myös tapahtuu.

Dasein

Kuka tahansa ajattelee
Kenen tahansa tavalla
Kuka tahansa elää
Kenen tahansa elämää
Julkista

Kun minä ajattelen
Minussa ajatellaan
Kun minä elän
Minä myös kuolen
Itse.

Talossa

Minä olen oikea
Oikeassa en useinkaan
Harvoin edes lähellä
Silti minä olen

Minä olen talossa
Siellä on minusta kuva
Kuvassani kasvot
Talossani kasvot elävät.

Pallossa

Sisällä ulkona
Kulkee se aika
Ulos pääsee heti
Siinä pallon taika.

Elämän Minuutti

Katson ikkunan läpi
Kaikkeus on ulkona
Minuutti ja kuolen
Elämästäni jäi jälki
Ikkunaan

Suhteellista...
Jos ei näe itseään
Ei ole aikaakaan
Ei minuuttiakaan.

Poislähtö

Minä
Avoimen oven edessä
En omista avaimia
Ei avaimenreikää
Josta kurkkia

Minä hengitän
Puhdasta ilmaa.

Puolukassa

Kyykistyin hiljaa
Pieraisin ja mietin
Miksi aikaa
Puolukassa vietin

Kun tuijotin sinua
Punastuitko
Aina juuri minua

Otin sinut heti mukaan
Ettei väliimme
Ehtisi kukaan.

Dialogi

Minä olen tämä
Sinä olet toista
Ääretöntä ja erilaista
Minä näen sinussa
Ja minä näen toisin

Maailma on tässä
Sinä olet enemmän
Sinun kosketuksestasi
Syntyy minun maailmani.

Maisemani

Minulla on maisema
Sieltä olen kotoisin
Siinä on epäarvoa
Sillä on merkitystä

Maisemani on puu
Ei tuoli tai pöytä
Se ei ole viesti
Siitä ei jää jälkeä

Maisema on
Maisema pysyy.

Matka

Katson peiliini
Kävelen koko ajan
Pelkään pysähtyä
Kävelen reippaasti

Vaikka kävelisin
Kuinka kauas
Kuinka kovaa tahansa
Veisin oman paikkani
Sinne johonkin.

Taitaja

Tieto ei riitä
Yksiköitä on liian vähän
Matkaa loputtoman paljon
Kaavoissa virheen voima

Tietoon tukehtuu
Luettu oppi kuristaa
Hoettu oppi huvittaa
Sanassa oppi
Runoton riimi seuraa
Seinätön luola tai koppi

Elämää ei tiedosta sikiä
Pilkku
Vaan taidosta.

Jälkipuhe

Olen elänyt
Piilossa
Hiljaa
Liikaa

Nyt olen kuollut
Ja haluan esiin
Täytettynä
Hajuttomana
Ruumiina

Nyt en pelkää mitään
Minä haluan kaiken.

Viivalla

Elämä on viiva
Käyrä ja suora
Välillä ohutkin
Loppuun lyhenevä

Viiva on pisteitä
Ääretön määrä
Rajatussa ajassa
Jokainen paikallaan
Mutta minä liikun
Joko nyt
Tai huomenna.

En Tyydy Vähään

Tavoittelen etua
Olen kärsimätön
Tapoja ei tarvita
Ketään ei ole
Vain MINÄ
En ota kantaa
MINÄ
Koulutettu villi.

Ajatteleva Keho

Ajattelen
Kun koen ajatuksia
Koen
Kun tunnen elämääni
Tunnen
Kun tulen todeksi
Ajattelussani

Kokemus on kompassi
Ei tieto tai kartta

Kehoni sykkii eteenpäin.

Risteys

Aika tippuu
Mieli täyttyy
Polusta tulee tie
Tiestä tähtikuvio
Kuviosta kaaos

Palaan alkuun
Eri risteys
Sama suunta.

Gorgonin Pää

Minä olen nainen
Nainen on minussa
Merkitsen maailmani
Hengitän vapauttani

Kun minä rakastan
En rakasta käskystäsi
Kun olen onnellinen
En ole sitä vuoksesi
Enkä vain kanssasi

Kun pato murtuu
Gorgonin pää tuhoutuu
Valta
Omistaminen
Asema
Hierarkia
Perinne

Jäljelle jää
Ihminen.

Hetken Tärkeys

Kun näen
Kokemukseni karttuu
Kun koen
Näkemykseni tarttuu
Hetkeen
Hetki on tässä ja nyt
Huomenna
Oli eilen.

Vapaudentunne

Kello kädessä huohotan
Niin huomista odotan
Suljen silmät
Pelottaa

Kun ovi aukeaa
Kävelen ulos
Kun kävelen
Jo ymmärrän

Ahaa
Hahaa!

Yksin

Y...
Yksin.

Yhtälö

Kun minä olen
Yhtä kuin me
Olen
Yksin

Kun olen monta
Olen
Yksi.

Maailmankaikkeus

Tyhjyys meren yllä
Ja allakin
Kaikkialla

Jossain jotain ääntä
Sekin harhaa
Olemassa olevaa

Rakkaus autioitunut
Elämän sydän
Kaikkinaisuus

Sinun meresi
Äänesi
Ja elämä

Minun elämäni

Niin olemme me.

Monumentit Ja Patsaat

Kivikovia katseita graniitissa
Kiveenhakattuja tuntoja
Ajatelmia ajassa
Syöksyn itseni sisään
Ja tunnen sen taas
Olen kuin te kaikki

Olen monumentti ihmisestä
Patsaana jökötän elämäni läpi.

Tilinteko

Väsyn tasaisesti
Tasaisella tiellä
En kuljettua miellä
Väsyn väsymään
Väsyn kysymään

Ei ajatus hohda
Sammunutta kiveä
Kädessäni puristan
Itse itseäni kuristan
Aika kulkee editseni

Tartun käteeni
En pääse eteeni
Varjoihin jään
Näen tieni pään.

Siunattu Nyrkki

Kumarran syvään
Isä
Poika
Pyhä henki

Nyrkissäni
Asuu totuus
Minussa renki.

Eturauhatonta Elämää Kuubassa

Painetta päässä
Ainetta
Alapäässä

Ainetta päässä
Painetta
Alapäässä

Eläköön mies
Ja Kuuba
Taas toimii
Nesteiden tuuba

Työssä
Jännittää
Näkee nännit nää

Yössä
Nännit nää
Pientä jännittää

Vielä kaari
Ulkona
Jänteestä elän.